Lk 300

DES PROPRIÉTÉS

ET DES

PROPRIÉTAIRES

D'ALGER.

DES PROPRIÉTÉS ET DES PROPRIÉTAIRES D'ALGER.

TOULON.
Imprimerie d'Eugène Aurel.

1840.

DES PROPRIÉTÉS
ET DES PROPRIÉTAIRES
D'ALGER.

Una veritas.

La capitulation consentie par le général Bourmont, à la prise d'Alger, garantit la propriété aux indigènes vaincus. Nous croyons inutile d'examiner si ce fut l'effet de la nécessité, ou un principe de générosité, ou le respect pour la civilisation du siècle. Nous remarquons seulement que, si l'on additionnait d'un côté les tribus payés pendant un grand nombre d'années, par l'Europe, à la Régence; les fruits de la piraterie; les travaux exécutés dans la ville d'Alger et dans les campagnes par les esclaves européens; si l'on s'arrêtait à l'état de pauvreté et de barbarie, dans lequel l'occupation française trouva les populations indigènes, il serait aisé de calculer dans quelle proportion les produits commerciaux, manufacturiers et agricoles de la Régence entraient dans ses capitaux et dans ses revenus. Si l'on considérait, en même temps, les pertes que la piraterie occasionnait au commerce européen, sans en profiter elle-même, on pourrait réfléchir sur le degré de respect, qui était dû, dans une invasion méritée, à la propriété de la Régence.

Mais elle fut respectée; le fait est accompli.

La Régence fut-elle conquise dans l'intention d'y rester, ou seulement pour venger une injure?

La révolution de 1830 a empêché de répondre, par le fait, à cette question. Le gouvernement de juillet se décida-t-il promptement à conserver la Régence ? Nous avons lieu de le croire ; car les débats parlementaires de plusieurs années nous prouvent que, sans la puissante intervention du gouvernement, le budget d'Alger n'aurait pas toujours eu la majorité dans la chambre élective.

Les achâts des propriétés furent faits, dès l'année 1831, avec l'intervention du gouvernement. Il y a déjà six ans environ que la Régence a été appelée colonie, et il y en a au moins autant que ceux, parmi les Européens, qui, par leurs achâts de propriétés, étaient destinés à coloniser, sont appelés *spéculateurs*. Dire ce qu'ils ont souffert, serait chose longue et oiseuse aujourd'hui ; ce serait une récrimination. Il est pourtant nécessaire de faire remarquer qu'assez souvent ils ont été traités comme des spoliateurs, malgré les titres réguliers de propriété, qu'ils possédaient ; tandis qu'en même temps, il n'était point défendu aux Arabes nomades de venir s'installer sur des terrains dont les Européens payaient les rentes ; heureux ceux qui n'ont pas été assassinés, dans leurs propriétés, par ces nomades prolétaires et protégés!

La même administration, qui voyait partout les signes de la barbarie, effet de l'abrutissement dans lequel étaient tombées les populations indigènes, crut pouvoir régénérer par elles-mêmes le pays. Elle s'aperçut pourtant que l'intervention européenne était indispensable à cette régénération. Ce fut alors que quelques établissemens européens commencèrent à être tolérés dans la Mitidja; mais sous la condition tacite d'opérer une fusion avec les indigènes. Toute la direction de l'autorité tendait à ce but. Nous savons aujourd'hui par quels moyens violens les indigènes nous ont ôté toute espèce d'illusion à cet égard. Maintenant, nous osons nous flatter que cette terre, conquise par nos armes, achetée par les colons, arrosée du sang de nos soldats et de celui des propriétaires, nous appartiendra en réalité. Nous espérons que, si l'administration ne croit pas encore prudent de refouler et d'expulser de la Mitidja les Arabes, elle nous protégera, au lieu de les protéger. Nous espérons que ce changement de politique aura une influence salutaire sur l'esprit des magistrats appelés à juger les indigènes; car les principes politiques d'un gouvernement dictent toujours l'application des lois. Et en effet, l'octroi généreux de nos codes, fait aux indigènes, quoique sans promesse formelle, leur a été plutôt nuisible qu'utile; la douceur de nos lois les a encouragés au crime, et a entraîné parfois l'administration, en regard d'un philantropique acquittement judiciaire, à une sanglante représaille militaire. Les indigènes, ainsi tiraillés, peuvent-ils nous comprendre? Ne méritent-ils pas que, dans l'intérêt même de leur conservation, on crée pour eux une législation transitoire qui sera modifiée avec le temps, et lorsqu'ils s'en seront montrés dignes? C'est le moyen le plus salutaire de parvenir à une prompte colonisation, sans meurtres, et peut-être même sans refoulement. Mais ce n'est ni le seul, ni le plus puissant.

Éloigner les Arabes, ce n'est pas appeler les

Européens à coloniser ; et l'on n'encouragera point d'autres Européens à s'établir dans la colonie, en stigmatisant quelques uns des propriétaires actuels du nom de *spéculateurs*. Cette épithète, née dans la bouche de quelques employés civils et militaires, n'avait pas tout d'abord une signification de mépris; c'était seulement l'expression du dépit qu'éprouve celui dont les moyens d'existence sont circonscrits par des appointemens, lorsqu'il a sous les yeux des hommes indépendans, qui osent tenter de s'enrichir. L'appas du gain tenta quelques employés civils et militaires; des abus d'autorité eurent lieu ; les honnêtes employés et les réclamations des administrés les mirent au jour. L'administration intervint ; mais, au lieu de punir les coupables, elle voulut empêcher quelques uns de ses employés d'acquérir. Cette mesure a contribué puissamment à entretenir, entre la population civile et les employés de l'administration, un éloignement qui sera encore long à détruire; elle a privé la colonie d'hommes intelligens, qui y eussent placé le fruit de leurs économies, et qui eussent fini eux-mêmes par devenir colons.

Nous sommes tous *spéculateurs* à Alger; en produits du sol, en produits des manufactures, en propriétés urbaines et rurales. Les *spéculateurs* en propriétés sont d'autant moins blâmables qu'ils ont été généralement priés, par les indigènes mêmes, de spéculer. Pourquoi s'ils seraient-ils refusés ?

Parmi les indigènes, quelques uns furent exilés dès les premiers jours de la conquête ; ils laissèrent mandat de vendre toutes leurs propriétés. D'autres ne voulurent point vivre avec les infidèles; avant d'émigrer, ils voulurent vendre leurs propriétés. D'autres voulurent soustraire leurs propriétés rurales aux dévastations de l'occupation militaire; ils les vendirent. D'autres, voyant les démolitions circuler rapidement dans la ville, sans indemnité préalable, durent douter du respect des propriétés, promis dans la capitulation. Ils voulurent vendre leurs propriétés. D'autres, et presque tous les indigènes qui ont vendu, ont eu l'arrière-pensée de profiter des rentes, des pots-de-vin, et de reprendre leurs propriétés, dès que nous aurions quitté le pays. Les indigènes d'ailleurs avaient raison de croire que tôt ou tard la Régence serait abandonnée ; car l'abandon a été souvent demandé dans les chambres législatives. D'autres enfin, après avoir reçu les pots-de-vin, n'ont jamais cessé de jouir des propriétés qu'ils avaient vendues ; et ils en ont pourtant toujours perçu les rentes !

Dans cet état de choses, il était inévitable qu'une grande quantité de propriétés, mise en circulation, en avilît les prix ; cet effet provenait aussi de la rareté du numéraire qui circulait alors dans la population européenne ; et en même temps, du peu de confiance que celle-ci avait dans l'avenir de la colonie. Un accaparrement, dit-on, a eu lieu. Qu'y a-t-il d'étonnant ? Les Européens, sollicités de tous côtés, par les indigènes, d'acheter, n'en ayant plus les moyens, ont sollicité à leur tour leurs amis d'Europe ; ils ont été autorisés à acheter pour leur compte ; ils l'ont fait. L'accaparrement n'eût pas eu lieu si les indigènes n'avaient pas eu, eux les premiers, la manie de vendre.

Cependant, un grand résultat a été obtenu par la *spéculation* et par *l'accaparement*. L'une et l'autre ont contribué puissamment à créer la colonie, en constituant la propriété européenne ; nous allons le prouver.

Aujourd'hui, les indigènes ont reconnu que la France a résolu de garder l'Algérie ; ils se décident très-difficilement à se défaire de leurs propriétés. Presque tous ceux qui ont vendu regrettent d'avoir aliéné, par *paire de bœufs*, une patrie qu'ils n'avaient pas su défendre ; de l'avoir vendue sâchant que la France avait garanti la propriété. Ils devaient dès lors prévoir que celle des Européens serait respectée tout au moins autant que la leur. Et ici, nous devons rendre hommage à la vérité : le droit de propriété a reçu plusieurs atteintes dans l'Algérie ; mais c'est uniquement dans l'application de certains cas exceptionnels ; jamais dans son principe sacré.

Si tous ces achâts n'avaient pas été faits, le massif, la Mitidja appartiendraient encore aux indigènes; il eût été illégal de les expulser; impossible de coloniser avec eux! La figue de Barbarie eût toujours été le produit le plus abondant du pays. Plus nombreux et plus forts qu'ils ne le sont maintenant, établis tout autour de la ville, les indigènes nous ceindraient; ils nous étoufferaient de leur présence. Nous serions privés, au moindre signal d'Abd-el-Kader, de tous ces petits produits journaliers des campagnes qu'on ne peut recevoir d'Europe; nous n'espérerions pas pouvoir jamais améliorer l'état du pays. Les Arabes, restés chez eux, donneraient toujours des inquiétudes au gouvernement. Les troupes établies dans la plaine se trouveraient toujours entre les Arabes du massif et ceux qui pourraient, d'un moment à l'autre, descendre de l'Atlas; en un mot, nous serions bloqués. C'est donc un véritable service que les *spéculateurs* ont rendu au pays; ils ont retiré des mains des indigènes toutes les propriétés qu'ils leur ont achétées. Ces propriétés sont, une fois pour toutes, européennes; n'importe, pour le moment, qu'elles soient ou non cultivées, elles ne peuvent plus appartenir aux Arabes; par ce seul fait les *spéculateurs* méritent une récompense, de l'encouragement; car ils ont jeté les bases de la colonie européenne. Il fallait, en effet, avoir du courage, pour acquérir dans un pays dont la conservation paraissait alors très douteuse.

On a crié aussi en France, dans les premières années de la restauration, contre la *bande noire* qui achetait les anciennes propriétés seigneuriales; les vendait ensuite par morceaux; démolissait les vieux châteaux pour en reconstruire des demeures de paysans. On ne tarda pas cependant à s'apercevoir que ce morcélement de terres était utile au pays; que de nouvelles contrées, de nouveaux villages surgissaient comme par enchantement; que l'aisance se répandait dans la classe des laboureurs. La même chose pourra avoir lieu en Afrique : les grandes propriétés seront morcelées; mais les bras sont encore rares; et tant que leur demande sera plus forte que celle des terres, on n'aura rien à reprocher aux *spéculateurs*.

Voilà maintenant la colonisation proclamée par une auguste bouche. Comment y parviendrait-on sans les *spéculateurs?*

Et d'abord, il faut observer que ce n'est pas dans le massif principalement que la grande culture, la culture coloniale peut être établie; mais le massif est le second anneau de cette longue chaîne, qui part de la capitale de l'Algérie, et dont l'autre bout est destiné, par le temps, à se fixer aux bords du Sahara. La *spéculation*, *l'accaparrement* ont porté aussi sur le massif, dans lequel néanmoins toutes les terres de première et de seconde qualité sont cultivées. Ce n'est donc ni la *spéculation*, ni *l'accaparrement* qui ont empêché jusqu'à ce jour la colonisation de se porter robuste dans la Mitidja. C'est le défaut de bras européens, de capitaux, de sécurité, c'est l'insalubrité, l'arbitraire qui régit la colonie, et encore plus la malencontreuse protection accordée aux Arabes, à leur détriment, ainsi qu'à celui des colons : oui, à leur détriment ; car la conduite tenue jusqu'à ce jour par l'administration envers les Arabes leur a donné une fausse idée de leur position à notre égard ; ils ne peuvent donc se persuader qu'ils doivent tôt ou tard évacuer les propriétés qu'ils occupent sans en avoir jamais été propriétaires, ainsi que celles qu'ils nous ont vendues. Un changement de système, et ce changement est toutefois inévitable si l'on veut réellement coloniser, leur semblera un acte d'oppression. Ils nous causeront tout le mal qu'ils pourront, avant de nous faire leurs derniers adieux......., ou...... ils se résigneront ; ils se mettront à nos gages, et c'est le plus grand bien qui puisse leur arriver. Ils ne veulent, ni ne peuvent entrer, par eux mêmes, dans la voie des progrès.

La colonisation, en partant d'Alger, ne pouvait sauter à pieds joints sur le massif, pour s'implanter directement dans la Mitidja ; il était même dangereux de laisser une nombreuse population indigène dans le massif. D'ailleurs, toutes les fois que le cultivateur européen trouvera à s'occuper convenablement dans le massif, il le préférera à la plaine, et ce n'est point la faute des *spéculateurs* si l'administration n'a pas fait tout ce qu'elle pouvait, pour combler d'abord le massif d'une population européenne, qui eût fini par déborder nécessairement dans la Mitidja. L'administration connaît les moyens d'attirer cette population ; elle atteindra son but lorsqu'elle y sera décidée ; le moment n'en est pas éloigné, nous l'espérons; la question d'Orient nous en est le garant le plus sûr.

Nous demanderons maintenant si les propriétés de la Mitidja, qu'on a commencé à cultiver, sont tellement remplies de cultivateurs européens; si en même tems les propriétés appartenant aux *spéculateurs* en sont tellement dépourvues, qu'on puisse accuser les *spéculateurs* de mauvaise volonté, d'avidité, de folles prétentions. Nous demanderons si les colons qui ont des propriétés dans le massif et dans la Mitidja peuvent exploiter celles-ci avec autant de facilité et de sécurité ; s'ils trouvent à y employer autant de cultivateurs européens que dans les premières. Nous demanderons aux colons qui ont plus d'une propriété dans la Mitidja, si, après avoir placé quelques cultivateurs dans l'une d'elles, ils peuvent en trouver aussi facilement pour les autres. Nous pouvons répondre d'avance, d'une manière négative, à toutes ces questions; et c'est principalement dans ces faits et argumens que nous puisons leur défense.

On nous objectera peut-être que, puisque quelques propriétaires exploitent déjà leurs terrains dans la Mitidja, d'autres peuvent le faire aussi ! Nous répondrons qu'il y a une échelle sociale en matière de moyens pécuniaires, de courage, de confiance, d'énergie, de patience, d'enthousiasme, de forces physiques, nous dirons même d'imprudence ! Ceux des propriétaires, qui sont au premier degré de cette échelle, se sont établis dans la Mitidja; d'autres les suivent dans le massif, chacun suivant ses forces et sa position. Nous pouvons d'ailleurs affirmer que parmi les colons, soit de la plaine, soit du massif, plusieurs cultivent avec des fonds qui leur sont confiés à cet effet; d'autres ont, en Europe, des associés qui leur fournissent des fonds. Mais tous les bailleurs, tous les associés n'ont ni les mêmes moyens pécuniaires, ni la même confiance dans l'allure de l'administration. Il est donc injuste d'accuser les colons de *spéculation*, tandis que, s'ils ne cultivent pas, c'est par des causes indépendantes de leur volonté. Accuser les bailleurs et les associés de ces propriétaires serait encore plus injuste; car ils ont mille argumens en leur faveur, et le plus puissant est que la colonie ne leur inspire pas assez de confiance. C'est un fait qui s'explique par le fait même; la confiance ne se commande pas; et lorsque l'administration n'a pu parvenir à l'inspirer, elle qui qui a des moyens puissans à sa disposition, qu'elle s'abstienne au moins d'accuser les propriétaires, de *spéculation* et *d'accaparrement*.

Les propriétaires ont pu jusqu'à ce jour être indifferens à cette accusation, car les administrateurs ont passé vîte, jusqu'à présent dans l'Algérie; mais dès qu'ils ont cru que la propriété européenne était mal appréciée en France, ils ont dû se justifier, en fesant connaître son état et ses résultats. On aurait de la peine à citer des propriétaires *spéculateurs*, qui aient refusé de revendre leurs propriétés rurales à un prix tant soit peu raisonnable, ou qui en aient vendu avec bénéfice ; nous pourrions en citer qui désirent revendre, même à perte, et ne le peuvent. Lorsque M. Meurice fût pris par les Hadjoutes, Mlle. Durand, qui allait avec son frère visiter une propriété de la Mitidja, dans l'intention de l'acheter, fut prise aussi outragée, mutilée. Le propriétaire, qui les accompagnait, se sauva par hasard ; il ne put vendre sa propriété. Si nous n'accusons point l'autorité des assassinats commis par les Arabes, qu'elle s'abstienne au moins de rejeter sur les propriétaires le peu de confiance que la colonie a inspiré jusqu'à ce jour. Nous devons pourtant faire observer que nous sommes dans un cercle vicieux : on ne colonise pas parcequ'on manque de sécurité, de salubrité, etc ; et l'on manque de toutes ces choses parce qu'on n'a pas colonisé. C'est à l'administration, plus puissante que de simples particuliers, de nous faire sortir de ce cercle ; et si le moment n'est pas encore arrivé pour elle, il l'est encore moins pour les propriétaires.

Les moyens de sortir de ce cercle sont nombreux ; en les employant tous à la fois, on sera certain d'obtenir un prompt résultat.

Nous mettrons en première ligne la sécurité, et nous déclarons que la crainte de la mort n'empêche pas de cultiver; les habitans de l'Algérie, tous hommes de choix sous le rapport du courage et de la persévérance, savent affronter la mort et les fièvres. Nous pourrions citer des négocians, qui le dimanche, jour de repos pour eux, vont seuls à six lieues d'Alger, dans leurs propriétés, au milieu des Arabes, examiner les travaux faits dans le courant de la semaine; mais les ressources pécuniaires finissent par s'épuiser lorsque les vols de bestiaux, les incendies, les assassinats se succèdent; alors la propriété est abandonnée, ou au moins négligée. La sécurité peut être donnée par l'administration ; et c'est encore moins par la force des bayonnettes que par un changement de système envers les indigènes. Les colons sont dans la triste alternative, ou d'être égorgés, s'ils craignent de prendre l'initiative, lorsqu'ils voient leurs jours en danger, ou de paraître sur le banc des accusés criminels, s'ils ont su défendre leur vie.

L'accroissement de la population est la véritable base de la prospérité ; mais les moyens de transport d'Europe en Afrique sont insuffisans. Il ne faut point supposer qu'il suffit, pour coloniser, d'accorder le passage gratuit à quelques laboureurs. Ceux-ci, sans capitaux, ne peuvent point produire : les capitalistes aiment à voir de leurs propres yeux les objets auxquels leur argent doit être employé. Or, les bateaux à vapeur de l'état sont très-incommodes ; quatre jours passés à leur bord sont autant de jours de souffrances physiques et morales ; les passagers civils sont humiliés du rang qu'ils tiennent à bord de ces bateaux ; ils sont exposés à la brutalité de certains officiers de marine, à l'intempérie des saisons. Les capitalistes sont habitués, au contraire, à des égards, aux jouissances de la vie ; peu d'entr'eux se décident à s'embarquer sur les bateaux de l'état; ils gardent donc leurs capitaux en France, et ils préfèrent les employer en rentes de l'état, en actions industrielles, parce qu'ils en suivent le cours de leurs yeux. Si, au contraire, ces capitalistes pouvaient souvent arriver en Afrique aussi commodément et agréablement qu'on va en Italie et dans le Levant; si des familles opulentes venaient passer l'hiver à Alger, que d'argent se fixerait dans le pays, que de bras seraient employés, quels progrès rapides ferait la colonisation !

Nous demandons l'interdiction du port d'armes de tout genre aux Arabes ; des mesures sévères contre ceux qui y contreviendraient. Nous demandons qu'il leur soit défendu de circuler dans la plaine, montés sur des chevaux sellés. Un Arabe sur une selle, à moins d'être au service de la France, si toutefois il est convenable qu'elle en ait, est un ennemi ou un maraudeur. Un paysan, en France, attèle son cheval à une charette ou il le bâte ; ceci est, à la vérité, incommode, très difficile pour charger un colon, se sauver, revenir; mais c'est plus utile qu'une selle au paysan qui veut transporter ses denrées au marché.

Nous demandons qu'on s'occupe des travaux d'assainissement, et nous fesons remarquer que Bouffarick, cette ville naissante, destinée à être le centre du commerce en tout genre de la Mitidja, commence à peine à être assainie. L'eau des marais, qui féconderait bien des terrains, a empoisonné jusqu'à ce jour les troupes, ainsi que les colons destinés à les défricher.

Un autre moyen d'attirer les capitaux, et par suite les bras, car ceux-ci ne peuvent exister sans les autres, est celui de constituer, en Algérie, la propriété, de manière à laisser toute garantie aux acquéreurs et aux prêteurs sur hypothèque. Or, il a été controversé assez souvent, devant les tribunaux d'Alger, si la transmission par rente perpétuelle est, ou non, une véritable vente. Cette loi sera une garantie pour l'acquéreur, qui, en cas de retard d'un payement de la rente, ne sera plus exposé à voir retourner l'immeuble au pouvoir du vendeur, avec perte de toutes les améliorations faites de ses deniers. Il faut que, lorsque le payement de la rente est en retard, le vendeur poursuive la vente de l'immeuble aux enchères, comme le ferait tout créancier hypothécaire, afin que les autres créanciers hypothécaires, s'il y en a, puissent jouir du prix de l'immeuble, chacun suivant son rang d'inscription. Il faut que, par cette loi, le gouvernement renonce au droit d'habous, et que, par suite, l'acquéreur à rente perpétuelle le soit pour lui, pour ses descendans, pour toujours, malgré l'extinction de la lignée du vendeur. Il est vrai que le domaine d'Alger, dans un petit nombre de cas de ce genre, qui s'est présenté jusqu'à ce jour, s'est contenté de percevoir la rente qui avait appartenu à la lignée éteinte ; mais rien ne garantit qu'il en fera toujours autant, et qu'il ne voudra s'emparer de l'immeuble habous lorsqu'il y trouvera convenance. Il faut une loi qui autorise en même temps le rachât des rentes à un taux qui ne puisse dépasser le dernier dix ; et ici il faut remarquer qu'une loi de catégories n'atteindrait pas son but : rente habous, rente ana, rente melk, toutes doivent être rachetables sur l'offre de ceux qui les servent. Les lois françaises, l'équité, s'opposent à ce qu'un débiteur le soit toujours, malgré lui, lorsqu'il peut se libérer. On ne saurait s'expliquer d'ailleurs comment, lorsque les indigènes jouissent des lois pénales qu'une révolution sanglante seule put donner à la France, lois qu'ils ne méritent, ni ne comprennent, les Français, conquérans, civilisateurs, seraient soumis encore long-temps, pour leurs droits de propriété, aux lois maures qui ont leur origine dans les temps de la féodalité, et pourtant, voilà bientôt dix ans que l'Algérie appartient à la France!!

Il est difficile d'expliquer comment, lorsqu'on attaque les *spéculateurs*, on laisse subsister les difficultés onéreuses qui s'opposent à la transmission des propriétés. En effet, s'il est reconnu que les *spéculateurs* ne veulent point cultiver, et si l'on ne peut les exproprier par ce seul motif, le meilleur moyen de faire passer ces propriétés dans des mains plus aptes à les cultiver, c'est d'en faciliter la vente ; il conviendrait donc que l'administration capitalisât dorénavant les rentes perpétuelles au dernier dix, au lieu du dernier vingt, et qu'elle perçut les droits d'enregistrement, sur le capital, à un pour cent, au lieu de deux pour cent qu'elle perçoit. L'administration cessera alors d'être dans une position exceptionnelle envers les propriétaires, et elle pourra, sans être injuste, se montrer exigeante à leur égard.

Un autre moyen de constituer la propriété sur des bases solides, c'est de faire cadastrer toute la Mitidja par des employés de l'administration, et d'y obliger tous les propriétaires, au moyen toutefois d'une modique rétribution. On tarira par là une source de procès longs et odieux entre propriétaires limitrophes; on établira les droits de chaque propriétaire, ainsi que ceux du domaine, sur les cours d'eau; les particuliers et le domaine y gagneront. Les Arabes intrus et usurpateurs seront connus par l'administration ; elle pourra leur imposer les conditions qu'elle croira convenables. Cette opération est longue et odieuse;

nous le savons ; mais elle est encore plus utile. Et d'ailleurs, il faut la commencer ; le plutôt sera le mieux. Les événemens pressent ; il est temps d'entourer le massif d'Alger d'une zône dans laquelle l'industrie d'Europe puisse se développer. Que nous soyons au milieu de nous mêmes jusqu'au pied de l'Atlas!! La Mitidja, dans l'état actuel, est un labyrinthe ; peu de personnes peuvent se reconnaître dans certaines localités. Ce qu'on sait presque toujours, lorsqu'on voyage dans cette vaste étendue de terrain, est qu'on foule la propriété d'autrui ; mais on en ignore et le propriétaire et les limites.

Nous sommes aussi accusés d'avoir coupé des arbres dans nos campagnes. Certes, des arbres furent coupés jusqu'en 1834 environ ; mais par les troupes qui occupaient le massif ; elles brulèrent aussi des croisées, des portes, des toits. Tout cela nous l'avons refait à neuf, de nos deniers. Il faut pourtant rendre hommage à la vérité ; le nombre des arbres coupés par la troupe se réduisit à peu de chose, et l'on a de la peine à s'en apercevoir aujourd'hui. Mais encore ; à qui la faute! Les soldats qui coupaient et brulaient étaient des Français ; si on leur avait dit que ces arbres et ces maisons appartenaient définitivement à la France, ils n'eussent rien brulé ni coupé.

Le nombre des arbres coupés par quelques hommes rapaces et dévastateurs est encore moindre que celui des arbres coupés par les soldats ; car le nombre de ces hommes a été infiniment plus petit ; et ils n'ont pu d'ailleurs dévaster impunément. D'autres arbres ont été coupés ; mais ceux-ci par nécessité ; ils étaient ou vieux ou inutiles, ou ils devaient être greffés, ou ils servaient de haies à divers terrains, qui, acquis par un seul propriétaire européen, n'avaient plus besoin de limites intermédiaires. Voilà nos dévastations ! Au surplus, nous avons planté, depuis trois ans environ, mille fois plus d'arbres qu'il n'en avait été coupé. L'administration en a planté aussi une grande quantité.

Qu'on compare maintenant l'état du massif, que nous accupons, à celui des campagnes de Blida, presque abandonnées par les anciens propriétaires, et occupées militairement depuis près de deux ans; on verra où sont les dévastations!!

On nous a dit que ce n'était point coloniser que de construire des maisons en ville. C'est vrai ; mais la faute n'en est pas aux colons. La confiance des capitalistes se renferme dans la ville, et elle s'y renfermera tant qu'on y trouvera à faire des placemens sur hypothèque, ou en constructions, à 10, 12 et 15 pour cent par an. C'est à l'administration d'encourager, par tous les moyens en son pouvoir, le placement des capitaux sur les propriétés rurales. Nous ne pouvions, au reste, continuer à habiter une ville qui était devenue un amas de ruines. Nous nous sommes plaints faiblement que l'administration ait démoli nos maisons sans nous indemniser ; nous les avons rebâties, malgré les obstacles de divers genres qu'elle nous a opposés. Il nous fallait un logement, un comptoir, des magasins, des écuries ; nous les avons aujourd'hui, quel mal fesions-nous donc en reconstruisant ce que l'administration avait démoli ?

Nous venons de défendre les colons; d'indiquer ce qui est nécessaire à notre prospérité ; c'est dans l'intérêt de la France, du gouvernement, ainsi que dans celui des colons ; nous n'avons voulu accuser personne, et nous aimons à supposer que les événemens devaient être tels qu'ils sont arrivés. Nous aurions à nous plaindre avec raison, si, au mépris de l'expérience, l'administration persistait dans le système actuel.

Administrateurs et administrés, civils et militaires, nous exposons tous notre vie, et qui plus est notre réputation; mais nous, colons, exposons seuls nos deniers; et il nous semble naturel d'indiquer ce qui peut nous faire prospérer. Serons-nous écoutés?

Notre voix à nous est d'autant plus impartiale dans la question que nous venons de traiter, que nous ne sommes ni directement ni indirectement intéressé dans la moindre entreprise agricole.

Alger, le 10 novembre 1839.

GAÉTAN CITATI,

Négociant, Juge au Tribunal de Commerce,

www.ingramcontent.com/pod-product-compliance
Lightning Source LLC
Chambersburg PA
CBHW060728050426
42451CB00010B/1688